SOCIÉTÉ DE PROTECTION

DES ALSACIENS ET LORRAINS

DEMEURÉS FRANÇAIS

PRÉSIDENT : COMTE D'HAUSSONVILLE

NOTICE SOMMAIRE

DES

OBJETS D'ART

Exposés au profit de la Colonisation de l'Algérie

PAR LES ALSACIENS-LORRAINS

Au Palais de la Présidence du Corps législatif, le 23 avril 1874

Prix : 1 franc

PARIS

IMPRIMERIE DE JULES CLAYE

7, RUE SAINT-BENOIT, 7

—

1874

NOTICE SOMMAIRE

DES

OBJETS D'ART

SOCIÉTÉ DE PROTECTION

DES

ALSACIENS ET LORRAINS DEMEURÉS FRANÇAIS

Président : COMTE D'HAUSSONVILLE

NOTICE SOMMAIRE

DES

OBJETS D'ART

EXPOSÉS DANS LE PALAIS

DE LA PRÉSIDENCE DU CORPS LÉGISLATIF

LE 23 AVRIL 1874

AU PROFIT DES ALSACIENS-LORRAINS

EN ALGÉRIE

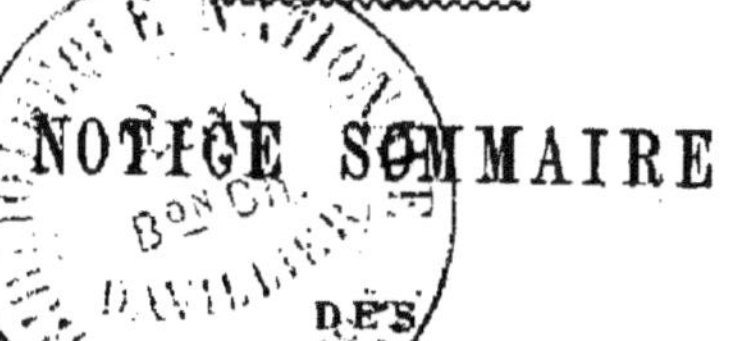

PARIS

IMPRIMERIE DE JULES CLAYE

7, RUE SAINT-BENOIT, 7.

—

1874

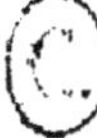

AVERTISSEMENT

La Société de protection des Alsaciens et Lorrains a accepté avec gratitude les objets d'art qui lui ont été offerts pour son exposition.

Elle a dû conserver les indications fournies par les propriétaires de ces objets ; en publiant rapidement une notice sommaire qui les fait connaître, elle ne pouvait établir sur l'âge et l'origine de plusieurs milliers d'objets remarquables, une discussion approfondie réclamant un temps qui dépasserait la durée assignée à l'exposition.

Les numéros des Salles sont indiqués dans chacune d'elles, au-dessus des portes d'entrée et de sortie.

CATALOGUE

VESTIBULE

SALLE. N° 1

Grande tapisserie des Gobelins.
Renouvellement de l'alliance entre la France et
les Suisses, 18 novembre 1663.

> Louis XIV prête serment sur l'Évangile, tenu par le
> cardinal Barberini. Près du roi, sont le duc d'Orléans, le
> prince de Condé, le duc d'Enghien et le chancelier d'Or-
> messon.

Six Tapisseries au petit point, brocard d'or et d'argent, exécutées d'après les dessins de Lebrun,
époque de Louis XIV.

(M. Beurdeley.)

SALLE N° 2

Vitrine 1.

Tablette supérieure. — Vieux Saxe : fontaine formée d'un vase à fleurs en relief; monture de bronze doré du temps de Louis XV.

Quatre vases à fleurs en relief, deux potiches et deux porte-bouquets; monture de bronze dorée, époque de Louis XV.

(M. Sapia.)

Deuxième tablette. — Service à thé en ancienne porcelaine de Saxe.

(Mme Mertian.)

Troisième tablette. — Vases et boîtes de porcelaine de vieux Saxe.

Pièces diverses d'ancienne porcelaine de Sèvres, pâte tendre.

Tablette inférieure. — Pendule sur son socle, avec médaillons peints. (Donnée par Louis XV à M. de Maurepas.)

Deux vases de porcelaine rubannée; ornements en relief; décors style Watteau.

Un lion et une lionne sur socle de bronze doré.

.(M. Sapia.)

Petite boîte ronde : Catherine de Russie rece- **Salle**
vant de Minerve le rameau d'olivier. **N° 2.**

(M. le baron Davillier).

Vitrine 2.

Tablette supérieure. — Faune cymbalier; cubis-
tétère; bronzes du xvi⁰ siècle.
Quatre candélabres, travail florentin de 1567.

Deuxième tablette. — Vase de quartz enfumé, mon-
ture d'or émaillé, travail du xvi⁰ siècle.
Plat rond émaillé; le Festin des dieux, par
Pénicaud.
Plat ovale émaillé; Passage de la mer Rouge,
par Jean Courtois.
Aiguière, de Pénicaud.
Deux salières; deux flambeaux.

Tablette inférieure. — Deux Coupes émaillées avec
couvercles. Pierre Raymond, 1546 et 1552.
Grand Plat rond émaillé; histoire de Psyché.
Pierre Raymond.
Autre; premières scènes de la Genèse.
Coffret décoré de plaques émaillées; histoire
de Phaëton, par Martin Didier.
Grande nef de lapis-lazuli; monture d'or
émaillé. Travail moderne.
Drageoir d'argent doré repoussé; histoire de
Samson, travail portugais.

(M. le baron Seillière.)

Vitrine 3.

Tablette supérieure. — Deux rouleaux manuscrits, ornés de miniatures. Histoire d'Esther en hébreu.

Plusieurs livres de prières, manuscrits et imprimés, ornés de riches reliures.

Deuxième tablette. — Un Tabernacle portatif d'argent, orné de pierreries de couleur, travail vénitien du xviie siècle. Il renferme les rouleaux sacrés de la Loi (Pentateuque) manuscrits. Ces rouleaux sont entourés d'une bandelette qui, portant des noms et des dates, était déposée dans la synagogue et servait d'état civil.

Lampes servant à la célébration de la fête des Machabées. L'une d'elles, en argent, a été faite à Augsbourg ; fin du xvie siècle.

Plaques d'argent de diverses époques, servant d'ornement extérieur aux rouleaux de la Loi. L'une d'elles, de grande dimension et d'argent doré, date de l'époque de Louis XIII.

Porte-lumière et boîte à parfums, servant à célébrer la fin du saint jour du Sabbat.

Deux boîtes d'argent et d'argent doré.

Diverses médailles d'or et de bronze, parmi lesquelles on remarque une médaille d'or de grand module et d'une belle conservation, frappée en 1482, à Cologne, en souvenir du Temple de Jérusalem, ainsi qu'une médaille de bronze, à l'effigie de Grazia Nasi, femme du chef de la Communauté juive de Venise en 1554.

Tablette inférieure. — Couronne d'argent doré; **Salle** ornement placé sur les cylindres autour desquels **N° 2.** s'enroule le manuscrit. Commencement du xviie siècle.

Bijou-cassolette d'argent doré, travail italien de la fin du xvie siècle.

Nombreuse collection de bagues de fiançailles, d'or et d'or émaillé du xvie siècle.

Calendrier hébraïque perpétuel, cuivre du xvie siècle.

(M. Strauss.)

Vitrine 4.

Tablette supérieure. — Trois aiguières d'argent, dont une avec son plat, xvie siècle. Cette dernière est d'un travail portugais; les deux autres d'un travail espagnol.

Trois vidercomes d'argent repoussé, dont l'un porte la date de 1588; travail allemand.

Une cassolette de vermeil repoussé et ciselé; Allemagne, xvie siècle.

Deuxième tablette. — Horloge de bronze ciselé et doré de *Chasparus Bohemus,* avec la date de Vienne, 1568.

Hanap de vermeil fait en souvenir de la bataille de Montcontour.

Deux petites coupes de vermeil; Allemagne, xvie siècle.

Salle
N° 2.

Ciboire-ostensoir d'argent, repoussé et ciselé; travail espagnol, xvie siècle.

Coffret d'ivoire sculpté.

Trois Diptyques d'ivoire sculpté des xive et xve siècles.

Tablette inférieure. — Plaque rectangulaire de fer repoussé et ciselé, damasquiné d'or et d'argent; travail italien du xvie siècle.

Deux châsses et deux porte-cierges de bronze doré et émaillé; travail allemand.

Cristaux de roche de Milan, xvie siècle, tels que coffret, coupes, burettes, paniers, plateau, la plupart montés d'or ou d'argent émaillé.

Ciboire du même genre que celui de la deuxième tablette.

(M. Stein.)

Vitrine 5.

Tablette supérieure. — Deux carrés brodés, avec la devise des Rois catholiques, et différentes étoffes et broderies du xvie siècle.

— Grande bouteille de faïence de Rhodes, dite de Perse.

— Bouclier rond, de fer repoussé et damasquiné d'or et d'argent : Vénus, Adonis et l'Amour. Travail italien du xvie siècle.

— Très-petite Vierge d'ivoire, dans un monument gothique de bronze doré; xve siècle.

— Bronze italien ; xve siècle : David tenant sous ses pieds la tête de Goliath. **Salle N° 2.**

— Triptyque ; émail de Limoges, avec ancienne monture de bronze doré : le Christ en croix.

— Coupe à couvercle ; faïence de Rhodes, dite de Perse.

— Vierge d'ivoire ; fin du xive siècle.

— Guiterne de bois sculpté, ornée d'un bas-relief représentant le Parnasse ; composition empruntée à Luca Penni, et qui a été gravée par Étienne Delaune, etc. Travail français ; milieu du xvie siècle.

— Lampe de mosquée ; verre arabe du xive siècle ; fleurs et armoiries.

— Grand Cantaro de faïence hispano-moresque à reflets métalliques, avec ornements et caractères arabes en bleu ; xve siècle.

— Statuette de bronze : Persée ; style de Benvenuto Cellini ; xvie siècle.

— Aiguière de verre émaillé et doré, ornée de rinceaux, etc., en vert ; xvie siècle.

1.

**Salle
N° 2.**

— Deux coupes de jaspe rouge oriental, provenant du trésor de Laurent le Magnifique (xve siècle). Comme quelques-unes des pièces de la salle des Gemmes aux *Uffizi*, à Florence, elles portent : LAVR. MED. (Laurent de Médicis), gravée en creux.

— Verre français émaillé, orné d'un buste de femme, de profil, avec armoirie et la devise : SUR TOUTE CHOSE; XVIe siècle.

— Deux bijoux du xvie siècle ; or émaillé : un guerrier casqué et un dragon ailé ; le corps formé par une grosse perle.

— Bas-relief d'ivoire antique (i^{er} siècle); ronde d'enfants.

— Petit vase de verre *millè fiori*, monté en argent doré; xvie siècle.

— Arion chantant; statuette de bronze, par Andrea Riccio.

— Petit buste de bronze : Andrea Riccio, par lui-même.

— Coffret rond d'ivoire, décoré de personnages et d'ornements en relief. Travail arabe d'Espagne, x^e ou xie siècle.

Tablette inférieure. — Deux poudrières de bois de cerf; travail français du xvie siècle.

Hercule terrassant le lion de Némée; **Salle**
Vénus piquée par un rosier; composi- **N° 2.**
tion de Luca Penni, gravée par G. Ghisé.

— Collection de vingt bijoux du xvie siècle;
médaillons, croix, nef, pendants, etc.

— Plaquettes et médailles de bronze; travail italien, xve et xvie siècles.

— Deux plaques de faïence persane, représentant Schah Abbas à cheval, un faucon au poing. Celle de droite est ornée
de reflets métalliques.

— Peinture fixée sur verre, avec fond d'or :
la Vierge et l'Enfant, xive siècle.

— Bas-relief de bronze, par Andrea Riccio;
l'Adoration des Mages.

— Bas-relief de cire : Léda; travail italien du
xvie siècle.

— Miniature sur vélin : l'Adoration des
Mages; école lombarde, commencement du xvie siècle.

— Coffret carré d'ivoire, orné d'animaux fan-
tastiques, etc. Travail arabe d'Espagne,
xiie ou xiiie siècle.

— Plat rond, faïence de Bernard Palissy;
figure de l'Asie.

(M. le baron Davillier.)

Vitrine 6.

Salle N° 2. *Tablette supérieure.* — Grande aiguière de vermeil, première moitié du xvie siècle; travail portugais.

— Calice d'argent niellé du xvie siècle.

— Calice de vermeil repoussé, du commencement du xviie siècle.

Deuxième tablette. — Feuille de diptyque impérial, représentant l'impératrice Placidie. (Décrite dans Montfaucon.)

— Troussequin de selle italien, du xiiie siècle. Cette œuvre peut être attribuée à Giovanni ou Nicola de Pise.

— Diptyque italien : le Christ, la Vierge, haut-relief du xive siècle, plaques d'une reliure flamande du xve siècle, provenant de la vente de Bouvier, d'Amiens.

— Volet de diptyque, représentant Louis XI à genoux ; fond fleurdelisé aux armes de France.

Tablette inférieure. — Tableau composé de neuf émaux divers.

— Escarcelle à deux portraits, par Jean Ier **Salle**
  Pénicaud. **N° 2.**

— Plaques rondes, par Léonard Limosin.

— Fond de coupe, par Léonard Limosin.

— Plaques.

— Aiguières, par Jean Courtois, dont l'une
  décorée du portrait de Henri II.

— Petit coffret en émail de couleur, par
  Pierre Courtois.

— Livre d'heures italien du xv* siècle, avec
  miniatures ; reliure décorée de nielles
  et fermoirs émaillés sur argent.

(M. Spitzer.)

Vitrine 7.

Tablette supérieure. — Grand plat rond d'argent
  repoussé et doré du xve siècle. Travail
  allemand.

— Corne de buffle montée en argent. Travail
  allemand du xve siècle.

— Conque de nacre de perle, monture
  d'argent doré du xvie siècle. Travail
  d'Augsbourg.

Deuxième tablette. — Grand tableau d'émail, composé de dix plaques, par Jean II Pénicaud, représentant le *Quos ego,* gravé
  par Marc-Antoine.

**Salle
N° 2.**

— Conque de nacre de perle gravée, monture de vermeil du XVIᵉ siècle.

— Bijoux et collier; or émaillé du XVIᵉ siècle, de différentes formes.

— Trois salières de faïence dite de Henri II, provenant de la collection Tussud et publiées dans l'ouvrage de Delange.

— Petite horloge d'argent et vermeil, représentant un Atlas portant un cadran gravé dans la manière de Théodore de Bry.

— Coupe et son couvercle en sardoine, monture d'or émaillé du XVIᵉ siècle.

Tablette inférieure. — Serrure de coffre, en forme de triptyque du XVᵉ siècle; travail français.

— Serrures des XVᵉ et XVIᵉ siècles.

— Figurines de buis.

(M. Spitzer.)

Vitrine 8.

Tablette supérieure. — Aiguière de vermeil; sujet de l'histoire romaine; travail italien du XVIᵉ siècle.

— Calices de vermeil. Travail allemand des XVᵉ et XVIᵉ siècles.

Deuxième tablette. — Polyptyque de buis du Salle xve siècle, représentant la Naissance N° 2. de Jésus-Christ et l'Adoration des mages.

— Groupe, Adam et Ève, attribué à Albert Durer.

— Cinq bijoux d'or émaillé, de différentes formes ; xvie siècle.

— Deux plaques d'ivoire du xive siècle ; travail français.

— Plaque oblongue ; sculpture du xie siècle.

Tablette inférieure. — Tableau composé de sept plaques dont :

— Plaque d'émail, sur paillons, de Jean II Pénicaud, représentant l'Annonciation.

— Plaque d'émail ; grisaille de Jean Ier Pénicaud, représentant l'Adoration des Mages.

— Plaque ; la Vierge, par Jean III Pénicaud.

— Miroir du xvie siècle, par Léonard Limosin.

— Miroir du xvie siècle, par Suzanne Courtois.

— Deux petites plaques en grisaille.

— Polyptyque d'argent niellé : La Vierge assise sur un trône.

(M. Spitzer.)

Vitrine 9.

Salle N° 2. Trophée d'armes dans lequel on remarque particulièrement :

— Bouclier de fer repoussé, de l'époque de Henri II.

— Une hallebarde champlevée, ciselée et damasquinée dans le fond ; de l'époque de François Ier à Henri II.

— Une autre entièrement damasquinée d'or, aux armes de France et de Navarre, portant sur la douille le nom de Domom de Tillequière.

— Une autre de l'époque de Louis XIV, ciselée, repercée à jour et damasquinée en partie, décorée de fleurs de lis et portant la devise de Louis XIV (*Nec pluribus impar*).

— Une masse d'armes de fer ciselé et damasquiné, de la belle époque de Henri II.

— Une grande carabine dont le bois est incrusté de corne de cerf avec rinceaux, figurines, animaux, etc. Le canon, la batterie et la sous-garde ciselés et damasquinés en or.

— Un groupe de bronze florentin, repré- **Salle** sentant Hercule terrassant l'Hydre de **N° 2.** Lerne, attribué à Jean Bologne.

— Deux figures de bronze; Vénus et Vulcain.

— Deux vases de bronze italien, ornés d'arabesques et guirlandes.

— Deux chenets de bronze italien; fin du xvᵉ siècle.

— Étriers de fer ciselé; époque de François Iᵉʳ.

(M. Spitzer.)

Vitrine 10.

— Un tapis persan, orné de fleurs et arabesques, fond or et argent.

— Un tapis de lutrin, donné par Charles-Quint à un couvent d'Espagne.

(M. Spitzer.)

— Un tapis de velours brodé; travail espagnol, fin du xviᵉ siècle.

(M. Roussel.)

— Un carré d'ancienne guipure de Venise.

(M. de Longuerue.)

Vitrine 11.

Tablette supérieure. — Un groupe de bois de chêne à trois personnages : Charles-Quint protégeant la Religion et le Courage.

Salle N° 2. Trois statuettes de buis; Bacchus, Marie-Thérèse à cheval et l'Annonciation.

Trois statuettes de bois de noyer; deux saintes et saint Julien le Pauvre.

Deuxième tablette. — Une Statuette de buis; dame allemande du xve siècle.

Soufflet ayant appartenu à Léon X.

Deux buires de bronze, dont une avec son plateau de cuivre repoussé; style italien.

Sirène de bronze, par Jean Bologne.

Saint Sébastien; bronze doré, style italien.

Médailles diverses.

Un buste d'ivoire.

Objets de serrurerie, tels que clefs et marteau de porte.

Cuiller de vermeil et pierreries de Nuremberg.

Trois broches; sujets peints par Decamps.

Tablette inférieure. — Deux couvercles de bois de noyer, de l'époque de Louis XIII.

Bacchus couché, bronze.

Plat arabe avec inscription du xive siècle; signé.

Grand coffre de mariage; ivoire du xive siècle.

Escarcelle de fer du xve siècle.

Balustre d'escalier; fer du xvie siècle.

Deux petites peintures du xvie siècle.

Deux têtes d'ange; marbre, style italien.

(M. J. Fau.)

Vitrine 12.

Tablette supérieure. — Hercule terrassant l'Hydre; gladiateur; bronzes florentins.

Aiguière et son bassin en argent repoussé et doré.

Deuxième tablette. — Plat rond en ancienne faïence de Gubbio : la Mise au tombeau, signé du monogramme de Xanto (1538).

Plat de Gubbio; au fond, un guerrier.

Plat de Gubbio; bords avec ornements à reflets métalliques.

Grand plat de la fabrique de Faënza; Diane et les Nymphes, d'après Michel-Ange.

Écritoire de la fabrique de Faënza.

Plat de Bernard Palissy; la Belle Jardinière.

Coupes et aiguières de cristal de roche gravé.

Deux grands bassins d'argent repoussé et ciselé; sujets mythologiques; travail italien de la fin du xvıᵉ siècle.

Deux statuettes de chevaliers croisés du xıııᵉ siècle.

Statuette d'argent repoussé du xvıᵉ siècle.

Tablette inférieure. — Grande aiguière et son bassin de forme ovale; grisaille teintée couleur de chair; Bataille, d'après Étienne Delaune. — Sur la panse de l'aiguière, Le Triomphe de Bacchus. — Ces deux pièces sont signées : Jean Courtois, 1510.

Salle
N° 2.

Grande plaque de forme ronde; émail de Limoges; grisaille teintée; représentant la Cène; signée Léonard Limosin, 1546.

Plaque rectangulaire; Jésus au jardin des Oliviers; plaque d'émail de Pénicaud le Vieux.

Coupe d'émail en grisaille; le Banquet d'Anacréon, signée : Pierre Raymond, 1553.

Dix Assiettes en émail ; allégories des mois; signées : P. Raymond, 1564.

Aiguière, coupes d'émail de Limoges.

Grand plat de faïence d'Urbino; le Parnasse, d'après Raphaël.

Plat de faïence de Gubbio, aux armes des Malatesta, 1527.

(M. Beurdeley.)

Vitrine 13.

Tablette supérieure. — Quatre bronzes italiens; figurines.

Deux bronzes antiques, un des dieux Lares et un enfant de la famille impériale.

(M. le comte de Cossé-Brissac.)

Le Porteur de hotte, bois et vermeil. Travail allemand.

(M. le comte de Blacas.)

Pietà, bronze italien.

(M. le comte de Cossé-Brissac.)

Coffret de Marguerite de Valois, duchesse d'Alençon; bois sculpté.

(M. Perraud.)

Croix processionnelle, plaquée d'argent doré. **Salle**
Travail du xve siècle. **N° 2.**

(M. Maurice Gautier.)

Deuxième tablette. — Grand vase d'ivoire; monture
d'argent doré; décoré d'un bas-relief de treize
enfants, figurant par divers symboles les quatre
Saisons, les cinq Sens et les quatre Éléments.
Travail italien du commencement du xviie siècle.

(M. Jules Labarte.)

Deux bustes de pierre dure; Louis XVI et
Marie-Antoinette.

(M. Pigache.)

Tableau émaillé. Le Christ dans sa gloire.

(M. Gatteaux.)

Ecce homo, or et émail sur un globe d'agate,
sur un tabernacle d'agate dont le couvercle
est décoré de têtes de chérubins travaillées en
camée; le tout sur un socle de lapis-lazuli.

(Mme la marquise de Chantérac.)

Deux plats de faïence de Gubbio.

(M. le vicomte d'Hunolstein.)

Deux statuettes de Clodion, terre cuite.

(M. le comte de la Roche-Aymon).

Buste de jeune fille, portrait de Mlle des M...,
par Houdon, terre cuite.

(M. le vicomte de Ganay.)

Tasses avec soucoupes; émaux chinois.

(M. Jules Augier.)

Salle
N° 2.

Mercure aptère, bronze antique.
Danseuse, bronze florentin.
Vénus, bronze doré italien.

(M. le comte de Cossé-Brissac.)

Vase birman apode ; or ciselé.

(M. Feuillet de Conches.)

Tablette inférieure. — Grand coffret vénitien peint
et orné de tablettes et de colonnettes de cristal
de roche.

(MM. Rollin et Feuardent.)

Plat de Bernard Palissy, décoré de reptiles et
de poissons.

(M. Élie Berthet.)

Deux médaillons de buis, représentant l'élec-
teur Frédéric de Saxe et Sigismond Pandulfe
Malatesta, seigneur de Rimini.

(M. le baron de Triqueti.)

S. Sébastien, bronze doré italien ; xvɪᵉ siècle.
Enfant, bronze italien.

(M. Eugène Lecomte.)

Coffret de bois, orné de bas-reliefs représen-
tant la Samaritaine, Samson chez Dalila, etc.
Garde-notes d'ivoire gravé, aux armes de
Saxe, 1564.

(M. Paul Rattier.)

Deux miniatures : le grand Dauphin ; portrait
de femme, par Hall.

(M. Edmond Hédouin.)

Bas-relief de pierre lithographique, travail **Salle** allemand du xvie siècle. **N° 2.**

(M. le baron de Triqueti.)

Autre. Même travail et même époque.

(M. Paul Rattier.)

Vitrine 14.

La Fécondité, plat ovale de Bernard Palissy.

Fabrique de Gubbio. — Plat rond à armoiries, A. F. 1526, maëstro Giorgio.

La Mort de Lucrèce, d'après Marc-Antoine.

Le Sacrifice d'Iphigénie.

Fr. Xanto. — Metabus, plat rond.
Samson et les Philistins, assiette ronde.
Figures allégoriques sur un piédouche de lampe, avec reliefs dorés et mascarons.
Coupe de relevailles. Buires.
Vase à armoiries, de Caffagiolo.
Le Triomphe d'Amphitrite ; plat à barbe ; fabrique des Abruzzes.
Christ ; buste en terre émaillée du xve siècle.

(M. Georges Berger.)

Vitrine 15.

Collection d'anciens instruments de musique.
Guitare en marqueterie d'ivoire et d'ébène, du temps de Louis XIII.

Salle
N° 2.

Musettes.

Pochettes.

Crécelle du xiie siècle, du couvent de l'Escaladieu.

Mandoline en marqueterie de nacre.
Cithare écaille et ivoire, xvie siècle.
Flûtes.
Flageolet de fer, époque de Louis XIII.
Petits modèles de musettes, violons et mandolines.

Bâton de chef d'orchestre; ivoire gravé, amours musiciens.

Autre bâton de chef d'orchestre; ivoire sur lequel est gravée une phrase musicale. Il a appartenu à Mozart.

Statuette de buis; Louis XIV en costume de ballet.

Groupe de bois du xvie siècle; musicienne couronnée par Apollon.

(M. Achille Jubinal.)

Vitrine 16.

Pièces d'argenterie et de vermeil; travail français du xviiie siècle.
Pièces de Germain.

(MM. le comte d'Haussonville, comte de Turenne, comte des Montiers de Mereinville.)

Légumier de vermeil aux armes du cardinal Farnèse.

(M. Léopold Double.)

Deux moutardiers en forme d'enfants traînant **Salle** des tonnelets placés sur des brouettes. Service **N° 2**. de Mme de Pompadour.

(Mme la comtesse de Vergennes.)

Aiguières, bassins, cafetières, vases à rafraîchir, soupières.

Mme Denain, Mme la comtesse de Behague, MM. le marquis de Galard, le comte de Fresne, le baron Seillière, le comte d'Armaillé, Jagou, Spitzer.)

Vitrine 17.

— Casque repoussé et doré ; travail italien du XVIe siècle.

(M. le marquis de Colbert.)

— Cabasset de fer repoussé et damasquiné.

— Entrée de serrure ; fer ciselé ; XVIe siècle.

— Bas-relief représentant l'Enlèvement du prophète Élie ; bronze ; XVIe siècle.

(M. le prince Czartoriski.)

— Casque, cuirasse et plastron ; fer repoussé.

— Deux sabres indiens, ornés de pierres précieuses. Autre avec son fourreau damasquiné d'or et d'argent, travail exécuté sous les ordres du duc de Luynes.

— Petit poignard : lame de damas et poignée damasquinée d'or ; exécuté par M. le duc de Luynes.

Salle
N° 2.

— Carabine de la fin du xvie siècle ; le canon est orné d'arabesques ciselées en relief sur fond d'or. Sur la crosse, incrustations d'ivoire gravé.

— Autre de même époque ; le canon du même travail ; la crosse et la batterie ornées de sujets ciselés en relief sur fond d'or.

(Mme la duchesse de Luynes.)

— Coupe de faïence d'Oiron, aux armes de Henri II.

(M. Antonio.)

Vitrine 18.

Porcelaines de Sèvres, pâte tendre du xviiie siècle.

— Une garniture de trois vases de vieux Sèvres, pâte tendre, gros bleu, médaillons dans le style de Wouvermans.

— Un vase gros bleu, sujet d'après Watteau.

— Deux jardinières gros bleu, forme carrée ; sujet dans le style de Boucher.

— Deux seaux, fond blanc à médaillons, au chiffre de la princesse de Lamballe.

— Vases, jardinières ; plaque ornée du portrait de Louis XV ; pendule.

(M. Spitzer.

Vitrine 19.

— Deux triptyques d'émail champlevé; **Salle**
  XIIe siècle. **N° 2.**

— Deux plats ovales de Bernard Palissy.

— Un plat rond de faïence de Gubbio : les
  trois Grâces.

— Deux horloges de table de cuivre doré;
  XVIe siècle.

— Deux buires de faïence d'Urbino; XVIe siècle.

— Deux plats ronds de faïence de Gubbio;
  sur l'un, Léda; sur l'autre, Joseph et
  la femme de Putiphar.

— Un plat à arabesques; faïence d'Urbino.

— Deux plats ronds; faïence de Gubbio.

— Dossier de selle de bois sculpté; fin du
  XIVe siècle.

— Deux vases peints, italo-grecs.

— Coffret de fer damasquiné; XVIe siècle.

— Coffret d'ivoire, orné de bas-reliefs représentant des guerriers, des griffons,
  des combats d'animaux, etc.; travail
  byzantin de basse époque.

— Deux chapelets d'ivoire sculpté; XVIe siècle.

— Manche de tranchoir d'ivoire sculpté ;
XIVe siècle.

(M. Dutuit.)

Vitrine 20.

Anciennes porcelaines de Sèvres ; pâte tendre.

Deux grands vases, exécutés pour le roi Louis XV, à l'occasion de la bataille de Fontenoy.

Tasse bleu turquoise, faite pour Marie-Antoinette.

Autre **tasse** fond blanc, ornée de dauphins et de couronnes, faite également pour la reine Marie-Antoinette.

Tasse représentant les Enfants de France ·jouant avec leur nourrice.

Flambeaux de Gouthière, en bronze doré, ornés des aigles d'Autriche, exécutés pour la reine Marie-Antoinette.

Assiettes du service de Mme du Barry.

Service dit de Buffon.

Grand plateau, ancienne porcelaine de Vincennes, monture de bronze doré.

(M. Léopold Double.)

Vitrine 21.

Tablette supérieure. — Petit cabinet orné de peintures sur verre.

Deux oiseaux de proie en vieux Saxe.

Vases hispano-moresques de faïence à reflets **Salle**
métalliques. **N° 5.**

Coupe ronde de faïence d'Urbino : Festin sur
une place à Rome.

Deuxième tablette. — Modèle de voiture en vernis
Martin.

Vases de porcelaine de Saint-Cloud; pâte
tendre.

Deux statuettes d'Arlequin; vieux Saxe.

Troisième tablette. — Deux assiettes, émail de
Limoges, par P. Raymond.

Deux vases forme éventail, porcelaine de
Sèvres, pâte tendre.

Cabaret de vieux Sèvres, gros bleu.

Vase de Sèvres; monture de bronze doré,
époque de Louis XVI.

Tablette inférieure. — *Coppa amatoria;* faïence
de Gubbio, à reflets. Enfants dansant, par
Maestro Giorgio.

Écuelle à couvercle avec plateau; vieux Sèvres,
pâte tendre.

Petit cabaret solitaire; vieux Sèvres.

Porcelaines de vieux Saxe.

Socle de bronze doré, orné d'un bas-relief
d'ivoire.

(Mme de Lafaulotte.)

2.

Vitrine 22.

Salle
N° 2.

— Deux petits plats ronds et un ovale, découpés à jour, faïence de Bernard Palissy.

— Trois rhytons peints, italo-grecs.

— Petit buste de bronze, représentant un personnage à longue chevelure; fin du xve siècle.

— Flambeau de bronze; commencement du xvie siècle.

— Deux diptyques d'ivoire sculpté. Travail français du xive siècle.

— Grand plat d'émail de Limoges en couleur avec paillons; genre de Suzanne de Court.

— Deux coupes d'émail de Limoges en couleur; genre de Pierre Raymond.

— Deux aiguières d'émail de Limoges, en couleurs avec paillons; genre de Jean Limosin.

— Salière carrée; faïence de Bernard Palissy.

— Saint Paul et Saint Thomas, figures de bronze doré se détachant sur des plaques d'émail champlevé; xiie siècle.

— Grand triptyque d'émail de couleur avec paillons : la Crucifixion. **Salle N° 2.**

— Autre ; au centre, la Crêche; des deux côtés, l'Annonciation, genre de Nardon Penicaud.

— Autre, représentant des sujets empruntés à l'histoire de Saint Jean-Baptiste.

(M. Dutuit.)

Vitrine 23.

Jambe de bronze armée d'une cnémide dont la rotule est décorée d'un masque de Méduse. Fragment d'une grande statue de travail italiote très-antique.

(M. Eugène Piot.)

Vase d'argile de haute antiquité, provenant des fouilles de l'île de Chypre; le col est décoré d'un masque humain.

(MM. Rollin et Feuardent.)

Silène appuyé sur un tronc d'arbre et tenant une coupe. Bronze antique.

(M. le baron Hottinguer.)

Terres cuites découpées, en appliques, représentant le combat d'Hercule et d'une amazone; le combat de Thésée et d'une autre amazone. Antiques.

(Mme Lee-Childe.)

Salle N° 2. Épée d'Hugues d'Oisy, vicomte de Meaux, XIIe siècle. Elle porte l'inscription : *Hugonis gladius.*

(M. A. de Longpérier.)

Lampe de mosquée. Verre blanc décoré d'ornements polychromes et d'une inscription pieuse, tracée en émail bleu ; xve siècle.

(M. Albert Goupil.)

Coffret de fer découpé et repercé à jour. Travail du xve siècle.

(M. Maurice Gautier.)

Vitrine 24.

Tablette supérieure. — Aiguière et son plateau de cuivre repoussé et pâte de verre ; travail vénitien.

(M. Achille Jubinal.)

Collection de faïences de Perse.

(M. Jagou.)

Deuxième tablette. — Groupe de bois sculpté. Travail allemand de la fin du xviie siècle.

Bas-relief d'ivoire : la Vierge, l'Enfant et Saint Joseph. Travail italien du xviie siècle.

Deux plaques de faïence de Delft.

Deux vidercomes d'ivoire avec monture d'argent et de vermeil.

(M. Martin Coster.)

Tablette inférieure. — Faïences de Rouen.

(M. Lefrançois.)

Vitrine 25 (*lanterne*).

Statuette du saint roi David, assis; argent repoussé.

Bijoux d'or émaillé du xvɪᵉ siècle.

Pendants et médaillons.

Reliquaire d'agate orientale et or émaillé, xvɪᵉ siècle.

Peinture sur verre, la Mise au tombeau, xvɪᵉ siècle.

Portrait de Rabelais; émail de Limoges, par
Jean II Pénicaud.

Le Martyre de saint Laurent, émail par Martin
Pape; signé.

Plaque oblongue; émail par Kip.

Miroir orné d'une peinture sur émail, attribuée
à Suzanne de Court.

Boîtes. L'une d'elles ornée d'un émail par Petitot.

Fermoir d'escarcelle ciselé et damasquiné d'or.

Garde d'épée de fer ciselé et damasquiné.

(Mme de Lafaulotte.)

Salle N° 2.

Objets placés en dehors des vitrines.

26. — Michel-Ange Buonarroti. Buste de bronze.

On a conservé dans les archives de Toscane, une lettre
qu'Antonio del Francese, dernier serviteur de Michel-Ange,
adressait au duc d'Urbino pour lui offrir ce buste : « *la
tête est le vrai portrait de Michel-Ange mon ancien maître;
elle est de bronze et dessinée par lui-même.* »

(M. Eugène Piot.)

Salle
N° 2.

27. — Buste de marbre antique; fragment d'une statue d'amazone blessée.

(M. Eugène Lecomte.)

28. — Mesure publique; bronze du XIIIe siècle. Elle porte cette inscription : + *R. Vernonensis fieri me copia fecit.*

(M. H. Dumesnil.)

29. — Fontaine de bronze du XVIe siècle; figure d'enfant tenant dans la main un cadran solaire. École de Fontainebleau.

(M. Spitzer.)

30. — Mercure appuyé sur un enfant. Groupe de bronze; travail italien du XVIe siècle.

(M. Spitzer.)

31. — Coffret de cristal de roche; travail vénitien du XVIe siècle.

(M. le duc de Mouchy.)

32. — Quatre cadres italiens, contenant des miniatures à l'huile et à l'eau; personnages historiques, parmi lesquels on remarque des princesses de la maison de France et de la maison d'Espagne.

33. — Deux grands cadres, contenant des dessins originaux qui servent à illustrer les *Fables de La Fontaine.* Parmi les artistes qui ont contribué à cette œuvre, on peut citer Rosa Bonheur, Decamps, E. Dela-

croix, L. Robert, Ingres, Sir David Wilkie, T. Johannot, Mercuri, S. A. R. Mgr le duc d'Orléans, Horace Vernet, A. Devéria, etc. L'un des deux cadres contient des dessins originaux exécutés en Orient.

(M. Feuillet de Conches.)

GALERIE DES FÊTES

SALLE N° 3.

Vitrines dans l'axe de la Salle.

PREMIÈRE RANGÉE.

Vitrine 1.

Miniature par Boucher.

Bas-relief d'argent repoussé.

Une châtelaine d'or, garnie de rubis et d'émeraudes.

Montre de cristal de roche en forme de croix.

Un reliquaire garni d'émeraudes.

Deux médaillons en vernis Martin.

Quatre étuis en vernis Martin.

Poignard persan ; émail de couleur sur or.

Pièce de joaillerie : Groupe de personnages chinois en diamants; don offert par Louis XV à
l'empereur de la Chine.

(M. Martin Coster.)

Vitrine 2.

Manuscrit autographe de Bossuet.

Épîtres d'Ovide, traduction par Saint-Gelais; manuscrit orné de miniatures.

Manuscrit autographe de J.-J. Rousseau; première
minute de la *Nouvelle Héloïse*.

Chronique manuscrite; souscription et signature
du roi Charles V.

(Bibliothèque du Corps législatif).

Portulan de la fin du xve siècle, avec miniatures.

(M. M***.)

Vitrine 3.

Vers autographes de Frédéric II, de Prusse.

Livre d'examen de conscience pour le mois d'avril.
Manuscrit autographe de Mme de Maintenon.

Lettres d'artistes italiens. Autographe de Raphaël
avec dessins d'étude pour la fresque de « la
Bataille de Constantin. »

Miniature sur vélin par Jean Fouquet, premier
peintre de Louis XI.

Volume de Tycho-Brahé avec envoi autographe.

Tabatière du Taïcoun, souverain du Japon; laque.

Manuscrit persan du xvie siècle, avec miniatures.

(M. Feuillet de Conches.)

Manuscrit tamoul sur feuilles de latanier.

liothèque du Corps législatif.)

Vitrine 4.

Salle Manuscrit mexicain.
N° 3. Autographe de J.-J. Rousseau : *les Confessions*.
Du même : copie autographe de la *Nouvelle Héloïse*
    pour la maréchale de Luxembourg, avec dessins
    teintés de Gravelot.
Du même : manuscrit autographe de l'*Émile*.

(Bibliothèque du Corps législatif.)

Le Livre de chasse de Gaston Phébus : manuscrit
    du commencement du xvıᵉ siècle, avec minia-
    tures.

(M. le comte de Quinsonas.)

Vitrine 5.

L'*Art au morier*, traduction de l'*Ars moriendi*;
    impression xylographique du xvᵉ siècle. Seul
    exemplaire connu du plus ancien livre imprimé
    en français.
La Passion de saint Adrien, translatée du latin en
    français par Jean Miclot, pour Philippe le Bon,
    duc de Bourgogne, miniatures en camaïeu.
Coffret espagnol du xvııᵉ siècle, donné à Rubens
    par le roi Philippe IV.
Coupe émaillée, genre de J. Courtois.
Cuivre doré du xvıᵉ siècle; reproduction d'un ivoire
    du vııᵉ siècle.

(M. Louis de Waziers.)

Vitrine 6.

Missel commandé par le duc d'Orléans, et légué **Salle**
à Mgr le duc de Chartres. **N° 3.**

(S. A. R. Mgr le duc de Chartres.)

Livre d'heures du connétable de Montmorency,
1549.

(M. le comte d'Haussonville.)

Portrait de Mme ***, miniature du xviiie siècle.

(Mme Delessert.)

Le cardinal Mazarin; cire d'après nature, provenant de M. le duc de Nivernais.

(M. le duc de Mortemart.)

Portrait en pied de Louise–Marie–Adélaïde de
Bourbon-Penthièvre, femme de Louis-Philippe-
Joseph, duc d'Orléans (1753-1821).
Miniature.
Médaillon; miniature.
Six petites Miniatures dans un cadre.

(Mme Juliette de Bourge.)

Portrait de Henri III; miniature dans un cadre de
bois sculpté.

(M. le prince de Beauvau.)

Portrait du jeune de Mahy; miniature par Augustin.

(Mme de Mahy-Pallier.)

**Salle
N° 3.** Portrait de Louis XIV ; miniature.

(M. Hébert.)

Médaillon ; émail de Limoges en grisaille ; combat, genre de Nardon Pénicaud.

(M. Gatteaux.)

Les Heures de Marguerite de Clèves.

(Mme de Cauly.)

Vitrine 7.

Lettres autographes de Mme de Sévigné.
Reliure d'un manuscrit arabe.

(M. Feuillet de Conches.)

Traduction de Tite-Live par Pierre Bercheoir, manuscrit avec miniatures.

(Bibliothèque du Corps législatif.)

Portulan du xve siècle, avec miniatures.

(M. M***.)

Vitrine 8.

Évangéliaire provenant de l'abbaye de Saint-Maurice en Valais. Reliure en orfévrerie de la fin du viiie siècle, enrichie d'émaux cloisonnés et de pierres de couleur.

Deux Miniatures italiennes du xvie siècle : Portraits de Léon X et de Laurent de Médicis.

Chroniques de Savoie de Symphorien Champier, **Salle** imprimées sur vélin par Jehan de la Garde. **Nº 3.** Paris, 1516.

Livre d'heures de Marguerite de Male, dernière comtesse de Flandres. Commencement du xvᵉ siècle. Miniatures.

Livres d'heures du commencement du xvıᵉ siècle. Miniatures.

Livre d'heures italien du commencement du xvᵉ siècle. Miniatures. Reliure ancienne.

Livre d'heures du xıvᵉ siècle. Reliure aux petits fers.

Barlaam, roman mystique de saint Jean Damascène, traduit en français par Jean de Billy. Reliure à compartiments aux armes d'Henri III.

Livre d'heures imprimé sur vélin, par Gering et Renbolt. Paris, 1498. Enluminures. Reliure ancienne à compartiments mosaïque.

(M. le marquis de Ganay.)

Vitrine 9.

Les *Divers Propos mémorables des nobles et illustres hommes de la chrétienté.* Paris, Corrozet, 1556. Reliure de Le Gascon, mar. bleu, aux chiffres de Louis XIII et d'Anne d'Autriche.

Imitation de J.-C. sans date, Elzévir. Reliure de Le Gascon, mar. rouge aux petits fers.

Pline, Elzévir, 1640. Reliure de Le Gascon, mar. rouge, petits fers.

Le second livre de l'*Iliade* d'Homère, traduit en

vers français par Hugues Salel. Manuscrit. Mar. noir fleurdelisé au chiffre de François Ier.

Livre d'heures imprimé par Thielman Kerver. Paris, 1505. Reliure vénitienne, mar. noir.

Térence imprimé par les Alde, 1545. Reliure du xvie siècle, dorures rehaussées de blanc.

Stratagèmes militaires de Frontin (en italien). Venise, 1574. Reliure molle, mar. brun, fleurdelisée aux armes de Henri III, roi de France et de Pologne.

Entrée de Philippe II à Anvers (en latin). Reliure à compartiments au nom et à la devise du bibliophile Grolier.

Livre d'heures calligraphié par Nicolas Jarry. Reliure à compartiments de Le Gascon, fermoirs émaillés ; xviie siècle.

Liber Conformitatum de B. de Albizzi. Reliure mosaïque de Derome.

Livre de médecine (en grec) de Alex. Trallianus. Reliure mar. brun aux armes de France, et aux chiffres de Henri II et de Diane de Poitiers.

La Vision de Guy de Turno.

La Vision de Tondal.

Manuscrits exécutés par l'ordre de Marguerite d'York, femme de Charles-le-Téméraire, en 1574. Nombreuses miniatures, chiffres et devises de Charles et de Marguerite.

Les Epousailles de dame sainte Catherine, 1457. Manuscrit de même provenance que le numéro ci-dessus. Mêmes chiffres.

(M. le marquis de Ganay.)

DEUXIÈME RANGÉE.

Vitrine 10.

Évangéliaire latin de l'abbaye de Luxeuil, ma-
nuscrit français du xie siècle, avec miniatures.
Manuscrit d'Ange Vergèce, célèbre calligraphe
du xvie siècle.
Reliure française du xvie siècle, dite *au Pot cassé,*
de l'atelier Geoffroy Tory.
Commentaires sur l'Apocalypse de San Beato;
manuscrit du xiie siècle; école d'Aquitaine.
Boëce, *la Consolation,* manuscrit français du
xve siècle, avec miniatures.
Livre d'heures, par Auguste Delacroix, 1844.
Le *Roman de la Rose.* édition de Vérard; reliure
de Lortic.

(M. Ambr.-F. Didot.)

Salle N° 3.

Vitrine 11.

Psautier ayant appartenu à Louis XV; manuscrit
français du xve siècle, avec miniatures.
Reliure française du xvie siècle aux armes de
François Ier.
Reliure du xvie siècle; bibliothèque de Grolier.
Livre d'heures de Bussy Rabutin, miniatures
attribuées à Petitot.
Livre d'heures de Jean le Bon.
Livre d'heures de la reine Anne d'Autriche.

Salle N° 3. Cicéron, manuscrit italien du xve siècle, avec miniatures.

Étienne Porchier, les *Trois Ages,* poëme inédit ; manuscrit du xve siècle, avec miniatures.

(M. A.-F. Didot.)

Vitrine 12.

Apocalypse ; manuscrit du xive siècle, avec miniatures.

Reliure italienne du xvie siècle, exécutée pour Philippe II.

Missel de Charles V, manuscrit français du xive siècle, avec miniatures.

(M. A.-F. Didot.)

Vitrine 13.

Le Trépas de l'hermine regrettée ; funérailles d'Anne de Bretagne, manuscrit français du xvie siècle, avec miniatures.

Missel de Charles VI et de sa fille Catherine, reine d'Angleterre ; manuscrit français de la fin du xive siècle ; miniatures ; école de Touraine.

Évangéliaire latin ; manuscrit français de 1440, avec miniatures ; exécuté à Avignon.

(M. F. Didot.)

Vitrine 14.

Reliure aux armes du Sénat romain.
Reliure italienne du xve siècle. .

Reliure française du xvɪᵉ siècle.

Reliure allemande, livre d'Anne de Danemark, électrice de Saxe.

Salle
N° 3.

(M. Eugène Piot.)

Vitrines 15.

Biblia sacra, in-folio. Exemplaire de Grégoire XIII. Reliure à jour sur fond de soie, 1580.

Abus de la critique, 1710 ; aux armes de Philippe V, roi d'Espagne.

Chroniques de Carione, in-16, reliure à compartiments de couleurs, 1548.

Perpiniani orationes, Rouen, 1606, in-16. Reliure dorée aux petits fers.

Psaumes de David. Exemplaire de Marie de Médicis.

Titus Livius, 4 vol. in-16. Reliure lyonnaise à compartiments de couleurs, 1554.

Cæsar, in-16, reliure dorée au pointillé, 1560.

Euclides. Exemplaire de Canevari, 1537.

Boccatius. Exemplaire de Grolier, 1532.

(M. Adolphe Labitte.)

Vitrine 16.

Les Sainctes Cérémonies, manuscrit français. Portraits de Maximilien et de Léon X, 1510.

Les Quatre Évangélistes, manuscrit arménien, style byzantin, 1550.

3.

Salle Poésies de Hafiz, manuscrit persan.
N° 3. *Martyrologium romanum*, exempl. de Louis XIII.

Iliade d'Homère, in-folio, reliure à compartiments, 1545.

Pétrarque, riche reliure italienne, 1581.

Effets de la Charité, in-12, maroquin ; reliure dorée, 1586.

(M. Adolphe Labitte.)

Vitrine 17.

Miniatures. Voir le catalogue spécial de la Peinture.

(M. Vincent.)

Vitrine 18.

Sabre d'Abd-el-Kader, rendu par lui au général La Moricière.

Épée offerte par la Ville de Paris au duc d'Orléans.

(S. A. R. Mgr le comte de Paris.)

Nécessaire d'armes.

(S. A. R. Mgr le duc de Chartres.)

Vitrine 19.

ENTRE LES FENÉTRES.

Manuscrit de Nicolas Jarry fait pour Julie d'Angennes, duchesse de Montausier, 1648. Miniatures de Robert.

(M. le duc d'Uzès.)

Vitrine 20.

Miniatures d'Augustin et gouaches de Van Blaremberghe.

Salle N° 3.

(M. Michel Heine.)

Vitrine 21.

Choix de médailles, médaillons et plaquettes
des xve et xvie siècles; or, argent et bronze :
ouvrages de Pisanello, Sperandio, Matteo de
Pasti, Pollajuolo, Francia, Riccio, Pastorino, Benvenuto Cellini, Trezzo.

(M. Gustave Dreyfus.)

STATUES, BUSTES, GROUPES ET STATUETTES

Salle N° 3. INCONNU.

1. — Hélène de Pontchartrain, duchesse de Nivernais.

> Buste de marbre; travail romain du xviiie siècle.
> (M. le duc de Mortemart.)

HOUDON.

2. — La Marquise de Montesquiou.

> (M. de Brantc.)

MARTIN (François).

3. — Buste de femme.

> Terre cuite moulée, datée 1788.
> (Mme la duchesse de Fitz-James.)

BASTIANINI.

4. — Buste d'homme.

> Terre cuite. Imitation du style du xve siècle.
> (Mme Lee-Childe.)

INCONNU.

5. — Mirabeau.

> Buste de marbre.
> (M. le marquis du Lau.)

INCONNU.

6. — Gentilhomme du xvıᵉ siècle.

Buste de bronze.
(M. le duc de Mortemart.)

PAJOU.

7. — Mᵐᵉ Vigée-Lebrun.

Buste de terre cuite.
(Mᵐᵉ Denain.)

HOUDON.

8. — Mˡˡᵉ Raucourt, de la Comédie française.

Buste de marbre.
(M. Michel Ephrussi.)

CANOVA.

9. — Bacchus.

Buste de marbre.
(M. Costantini.)

CAFFIERI (J.-J.)

10. — Baron Jean-Victor de Besenval, ambassa-
deur à la cour de Charles XII, roi de
Suède.

Buste de bronze, daté 1735.
(M. le comte de Besenval.)

11. — Jean-Victor, baron de Besenval, avoyer du
canton de Soleure.

Buste de bronze, daté 1737.
(M. le comte de Besenval.)

 HOUDON.

12. — Le Baiser donné.

Marbre, 1773.
(M. Strauss.)

13. — La Petite Lise.

Marbre.
(M. Michel Ephrussi.)

14. — Le Baiser rendu.

Marbre, 1780.
(M. Strauss.)

INCONNU.

15. — Jeune Homme drapé.

Buste de bronze, xvii⁰ siècle.
(M. Henri Jagou.)

CYFLÉ.

16. — Le Prince Charles-Alexandre de Lorraine,
généralissime et gouverneur général
des Pays-Bas, 1712-1780.

Statuette de biscuit de Nancy.
(M. Alexandre.)

INCONNU.

17. — Jeune Fille drapée.

Buste de bronze du xviiᵉ siècle.
(M. Henri Jagou.)

HOUDON.

Salle
N° 3.

18. — La Comtesse du Cayla, née Jaucourt.

> Buste de marbre.
> (M. le comte de Jaucourt.)

19. — Hercule et Déjanire. Travail italien du XVIIe siècle.

> Groupe de bronze.
> (M. Beurdeley.)

RUDE.

20. — Louis XIII jeune.

> Statue d'argent, 1843.
> Le piédestal de bronze a été exécuté d'après les dessins de Duban.
> (Mme la duchesse de Luynes, Château de Dampierre.)

INCONNU.

21. — Enlèvement d'une nymphe par un satyre.

22. — Enlèvement d'Hélène.

> Groupes de bronze.
> (M. Beurdeley.)

RUDE.

23. — Mercure.

> Statue de bronze.
> (M. Thiers.)

24. — Un Blessé.

> Statuette de bronze.
> (M. Mitouflet.)

Salle
N° 3.

PIGALLE.

25. — L'Enfant à la cage.

Bronze.
Le même, en marbre, dans la salle n° 14.
(M. le comte de Baillon.)

INCONNU.

26. — L'Enlèvement de Proserpine. Groupe italien du xviie siècle. Bronze.

(M. Beurdeley.)

PRINCESSE MARIE D'ORLÉANs.

27. — Jeanne d'Arc.

Groupe de bronze.
Le socle décoré de quatre plaques d'argent niellées.
(Mme Marjolin-Scheffer.)

INCONNU.

28. — L'Enlèvement de Proserpine. — Groupe italien du xviie siècle. Bronze.

(M. Bloche.)

INCONNU.

29. — Louis XV à cheval.

Réduction de la grande statue exécutée par Bouchardon, pour la place de la Concorde. 1763.
(M. Bloche.)

TACCA.

30. — Enfants ailés tenant des écussons ; consoles. Ensembles décoratifs.

Bronzes.
(M. Beurdeley.)

PRINCESSE MARIE D'ORLÉANS.

32. — Chasse au Faucon.

33. — L'Amazone au levrier.

Petits groupes de bronze.
(Mme Marjolin-Scheffer.)

G. FRANZOSI.

34. — Réduction, d'après Verocchio, de la statue
équestre de Bartolomeo Colleone, à
Venise.

Travail moderne; bronze rehaussé d'or et d'argent.
(M. Richard-V***.)

GIRAUD (l'aîné).

35. — Mercure debout. Statue de bronze; époque
de Louis XVI.
(M. de Monteynard.)

SALLE DE LA COMEDIE-FRANÇAISE.

ANNEXE DE LA SALLE N° 3.

SCULPTURE.

CAFFIERI.

1. — Philippe Quinault.

Buste de terre cuite, 1778.

2. — Jean de La Fontaine.

Buste de terre cuite, 1779.

PAJOU.

3. — Carlin Bertinazzi.

Buste de terre cuite.

LEMOYNE.

4. — Marie-Anne Botot d'Angeville.

Buste de marbre.

COYSEVOX.

5. — B. Lulli.

Buste de marbre.

6. — Regnard.

Médaillon, de profil; marbre.

VESTIBULE

COMMUN AUX SALLES Nᵒˢ 3, 4 et 5.

Meuble-cabinet du commencement du xviiiᵉ siècle.
Peintures de l'école de Rubens.

(M. Bloche.)

SALLES Nᵒˢ 4 et 5.

(Voyez le Catalogue de la Peinture.)

SALLE Nᵒ 6.

Vitrine 1.

Boîte octogonale, en or ciselé et émail bleu, ornée
du portrait du roi Louis XIV, par Petitot.
Boîte ronde d'or ciselé, ornée de deux peintures à
la gouache, par Van Blaremberghe, représentant une fête au château de Bercy.
Bonbonnière carrée d'émail de Saxe, montée en
or, décorée de sujets Watteau sur toutes ses
faces et à l'intérieur.
Boîte carrée, vernis Martin, sur fond d'or, avec
une miniature d'après Boucher, etc., etc.

(M. Gustave Delahante.)

Vitrine 2.

**Salle
N° 6.** Boîtes et Tabatières.
Portrait du duc d'Anjou, par Petitot, entouré de brillants.
Sujets d'après Greuze, émaillés en plein, etc.

(M. le duc de Richelieu.)

Vitrine 3.

Boîtes et objets divers :
Tabatière octogone avec sujets de Greuze.
Tabatière ronde; portrait de Mlle de Hally.
Tabatière ; portrait du duc de Brissac.
Montre de la reine Hortense, portant son chiffre et sa couronne sur le côté opposé au cadran, etc.

(M. Fr. Le Conte.)

Vitrine 4.

Montres et Châtelaines, de l'époque de Louis XIII jusqu'au commencement du xixe siècle :
Montre de Louis XV, avec le chiffre du roi couronné sur les clefs ; sur le cachet, le *Triomphe de Fontenoy,* gravé par Gay.
Montres en forme de bague, de croix, etc., etc.

(Mme la princesse Soltykoff.)

SALLE N° 8.

MEUBLES,

STATUES ET OBJETS DIVERS

1. — Jupiter, par Girardon ; groupe de bronze.

2. — Junon, par le même ; groupe de bronze.

3. — Cartonnier et Pendule d'ébène, ornés de bronzes ciselés et dorés. Travail français, xviie siècle.

4. — Secrétaire orné de bronzes ciselés et dorés et de deux médaillons ovales renfermant deux dessins à l'aquarelle, l'un de Leprince, l'autre de Huet. Il est signé.

5. — Groupe de bronze florentin : Hercule terrassant l'Hydre.

6. — Autre : Cadmus combattant le Dragon.

(M. le baron Gustave de Rothschild.)

7. — Vitrine.

— Miroir d'or émaillé, décoré d'émaux, de lézards et de mouches en pierreries ; travail italien de la Renaissance.

Salle
N° 8.

— Coupe de topaze, monture émaillée et ornée de petits camées du xvi⁰ siècle.

— Coupe d'opale.

— Petite Statuette d'or, représentant Hercule armé d'une massue. Travail italien du xvi⁰ siècle.

— Coupe lobée; cristal de roche gravé.

— Plateau et Coupe; cristal de roche.

— Coupe apode de verre antique émaillé, trouvé dans des fouilles près d'Aurès (Algérie).

— Deux Flacons de forme pyramidale; Bernard Palissy.

— Grande Plaque : l'Espérance, par Bernard Palissy.

— Deux grands Anges de Luca della Robbia.

— Statuette de saint Georges; ivoire et argent.

— Saint Georges; groupe d'argent doré; travail allemand du xv⁰ siècle.

— Poignard, manche d'ivoire sculpté; xvi⁰ siècle.

— Grand Plat d'argent repoussé, ciselé, doré; travail italien du xvii⁰ siècle.

— Grand Coffret de jaspe rouge de Sicile ; Salle N° 8.
monture d'orfévrerie avec émaux
translucides ; couvercle surmonté de
la statuette agenouillée du pape
Sixte II.

— Miroir métallique, càdre d'ébène orné
d'arabesques, d'écoinçons et d'un
groupe de deux Amours d'or émaillé,
entourés de fleurs et de feuillages.

— Flambeau de faïence dite de Henri II.

— Porte-encens à dòme, même faïence.

— Écritoire,   idem.

— Coupe,   idem.

— Grand Portrait de Catherine de Médicis,
par Léonard Limosin. Émail de Limoges.

— Autre : Élisabeth de France, fille de
Henri II, femme de Philippe II, roi
d'Espagne, par Léonard Limosin.

— Autre : Marie Tudor, par Léonard Limosin.

— Grande Plaque d'émail : le Parnasse,
d'après Raphaël, par Jean Courtois.

— Émail de Limoges : Henri d'Albret, roi.
de Navarre. Signé LL., 1548.

— Autre : Catherine de Médicis, par Léonard Limosin, 1555.

— Grande Plaque ovale à relief. Cariatides, fleurs, fruits, mascarons. Au centre, Minerve ; émaux en couleur sur paillons, par Jean Courtois.

— Deux Flambeaux avec médaillons sur paillons ; émail de Jean Courtois.

— Plaque : Adoration de la Vierge ; émail de couleur sur paillons, signé Jean II Pénicaud.

— Coupe sur piédouche avec couvercle ; émail en grisaille, par Pierre Raymond.

— Coupe sur piédouche avec couvercle, par Pierre Raymond.

— Coffret ; émail fond rouge : les Travaux d'Hercule, par Colin Nouailher Ier.

— Coffret ; émail fond bleu : sujets de la vie du roi David, par Colin Nouailher Ier.

— Coffret ; émail à fond noir : sujets de la vie d'Hercule, par Colin Nouailher Ier.

— Grand Plat ; émail, par Pierre Raymond.

— Coupe basse ; émail, par Pierre Raymond.

— Autre, par Pierre Raymond.

— Aiguière ; émail, par Pierre Raymond.

— Autre, de Pierre Raymond.

— Plat émaillé, par Pierre Raymond.

— Autre, par Pierre Raymond.

— Hanap en faïence, de Henri II.

— Pièce, monument en hauteur, faïence Henri II.

— Statuette équestre de Louis XIII, ivoire, sur socle de bois noir.

— Statuette équestre, ivoire, sur socle de bois de noyer.

— Médaillon rond ; émail de Limoges dans un cercle doré.

— Bronze en partie doré.

— Bronze italien.

— Bijou-médaillon rond ; or émaillé avec pierres et perles.

— Bijou-médaillon rond ; or dans un cercle en jaspe avec rubis et perles.

— Bijou-cassolette ; or émaillé avec perle formant le corps de l'ornement.

Salle
N° 8.

4

— Bijou ; or émaillé avec grosses perles formant le corps de la figure.

— Grand Collier ; or émaillé avec pierres et brillants.

— Statuettes de bois sculpté sur socle noir.

(M. le baron Gustave de Rothschild).

8. — Vitrine.

— Grand Plat rond et aiguière d'argent repoussé et doré ; le fond du plat représente Orphée charmant les animaux. Ces pièces paraissent être un ouvrage d'Augsbourg, XVIᵉ siècle.

Faïences de Bernard Palissy :
— Grand Plat ovale : la Fécondité.

— Grand Bassin d'aiguière ovale à bords plats ; fond lisse et couleur truitée.

— Grand Bassin rond : la Nymphe de Fontainebleau sous les traits de Diane de Poitiers.

— Aiguière ovale de forme surbaissée, avec médaillons, réprésentant des femmes couchées.

Faïence dite de Henri II :
— Coupe de forme élégante, reposant sur un pied richement orné de sirènes, de consoles et de mascarons ; à l'intérieur, l'écu de France.

Faïence d'Urbino :

   — *Coppa amatoria* et basse, ornée d'un buste de femme, avec l'inscription : *Elisabetta Bella.*

   — Coupe de forme et de décor analogues. Elle porte le nom : *Pantasilea.*

   — Coupe de relevailles et son couvercle, richement décorés.

Faïence de Gubbio :

   — Petite Coupe à reflets métalliques d'un rouge vif : buste de saint Paul ; elle porte la date 1520.

Porcelaine de Sèvres :

   — Grande Tasse et sa soucoupe ; forme droite, fond bleu de roi ; la tasse représente Diane et Actéon ; la soucoupe Mars et Vénus.

Cristal de roche :

   — Vase en forme de colombe, entièrement évidé ; la tête, mobile, forme le couvercle ; travail italien, xvie siècle.

   — Deux Burettes décorées de rinceaux gravés en creux ; couvercles enrichis de rubis ; travail italien, xvie siècle.

   — Coupe ovale à huit lobes ; très-beau travail italien, xvie siècle.

Salle N° 8.

— Coupe en forme de coquille; travail français, fin du xvie siècle.

— Vase en forme de calice, avec couvercle; monture d'argent doré; travail allemand, xvie siècle.

— Calice et deux Burettes montés en argent doré et émaillé; patène en vermeil; travail italien, xvie siècle.

— Sardoine orientale. Vase à deux anses prises dans la masse et repercé à jour; très-ancien travail de l'Inde.

— Coupe ovale à godrons, complétement évidée; travail antique; anses ajoutées au xvie siècle.

— Aiguière formée par une ampoule antique; monture émaillée enrichie de rubis, xvie siècle.

— Lapis-lazuli. Coupe sur pied élevé; le couvercle est surmonté d'une figure de femme.

— Agate jaspée de l'Inde. Vase en forme de lampe antique avec couvercle parfaifaitement évidé, xvie siècle.

— Vase d'agate; monture en filigrane d'argent; couvercle surmonté d'une perle baroque; travail russe, xvie siècle.

— Agate orientale. Coffret à couvercle de forme carrée à piédouche et d'un seul morceau pris dans la masse; travail du temps de Louis XIV.

— Verre vénitien dont la coupe, émaillée en blanc, est ornée d'incrustations d'or et de médaillons affrontés, représensentant un homme et une femme. XVIᵉ siècle.

— Gourde, verre de Venise, à long col et à panse aplatie

— Bois sculpté. Statuette de la Vierge, debout, tenant l'enfant Jésus, XVIIᵉ siècle.

Émail de Limoges :

— Grand Plat ovale et son aiguière; peinture en grisaille rehaussée d'or, par Jean Courtois.

— Grand Plat faisant pendant au précédent, avec son aiguière, par Jean Limosin.

— Salière de forme sphéroïdale, à piédouche et tige à balustre. Émaux de couleur sur paillons. Monogramme de Jean Courtois.

— Plaque en couleur sur fond bleu, par Léonard Limosin.

4.

— Plaque de forme cintrée : Portrait du pape Pie V (1565-1572), par Léonard Limosin.

— Quatre Assiettes en grisaille teintée, par Pierre Raymond.

— Quatre Assiettes en couleur sur paillons, sujets tirés de l'histoire de Joseph; elles portent le monogramme de Jean Courtois.

— Divers Bijoux du XVIᵉ siècle : médaillons, pendants, colliers, etc.

— Miniature ovale sur vélin; date de 1622 : Jacques Iᵉʳ d'Angleterre, dans un médaillon d'argent doré.

— Pendant du précédent : la Reine Anne de Danemark, femme de Jacques Iᵉʳ.

— Deux Portraits : Louis XVI et Marie-Antoinette.

— Portrait de Louis-Alexandre de Bourbon, comte de Toulouse.

— Portrait de l'archiduchesse Marie-Christine, orné de grenats.

— Horloge astronomique, à mouvement horizontal, ornée d'émaux de Limoges en couleur sur paillons; sujets tirés de la vie du Christ. Cette pendule figure dans l'ouvrage de M. du Sommerard : *les Arts au moyen âge.*

— Coffret à couvercle cintré, portant le mo- **Salle**
nogramme de Courtois. **N° 8.**

(Mme la baronne James de Rothschild).

Émaux de Limoges (fixés au mur).

9. — Plaque carrée en grisaille sur fond noir :
Vénus sur son char traîné par des
colombes, par Pierre Raymond.

10. — Autre en grisaille sur fond noir; sujet tiré
de l'histoire d'Énée.

11. — Plaque ovale en hauteur : Alexandre te-
nant un bâton de commandement.
Cette plaque porte les initiales de Jean
Limosin.

12. — Autre faisant pendant.

13. — Plaque carrée : portrait de Luther à l'âge
de quarante-huit ans. Monogramme de
Jean Pénicaud.

14. — Plaque carrée : portrait d'Anne d'Este,
duchesse de Guise et de Nemours, sur
fond vert.

15. — Médaillon ovale : Catherine de Médicis
en riche costume, avec le monogramme
de cette princesse et celui de Henri II.
Il est signé Léonard Limosin, 1568.

16. — Plaque oblongue : les Noces de Psyché,
d'après Raphaël, par Pierre Pénicaud.

17. — Autre : Funérailles de Psyché, d'après
Raphaël, par Léonard Limosin, 1545.

18. — Autre : Marche triomphale de guerriers,
par Léonard Limosin.

19. — Autre : Triomphe de Vénus et de l'Amour ;
la déesse paraît ici sous les traits d'une
princesse, 1574.

20. — Autre : Triomphe d'Apollon, sous les traits
de Charles IX. Signé Léonard Limo-
sin, 1573.

21. — Autre : Triomphe de Jupiter ; le dieu
apparaît sous les traits d'un prince.

22. — Autre : Henri II à cheval, portant Diane
de Poitiers en croupe, par Léonard
Limosin.

23. — Plaque ovale : les Vendanges, par Pierre
Limosin.

24. — Plaque carrée : le Repos d'Énée et de
Didon, par Pénicaud II.

25. — Autre faisant pendant à celle qui pré-
cède.

26. — Autre : la Vierge assise sur un trône ; à
ses côtés, saint Pierre et sainte Catherine. Signée Pierre Courtoys.

27. — Autre représentant un personnage age-
nouillé, par Pénicaud II.
(Mme la baronne James de Rothschild).

Salle N° 8.

Objets en dehors des vitrines.

28. — Pendule du temps de Louis XIV, formée
par une figure d'Atlas de bronze doré
supportant une sphère; mouvement
de Huret; cadran tournant. Piédestal
de brèche violette, de marbre vert
de mer et de marbre blanc.

29. — Très-grande Pendule astronomique du
temps de Louis XIV; bronze ciselé et
doré; ornée de figures allégoriques de
femmes, d'amours et de guirlandes
de fleurs; la cage porte le chiffre de
Marie-Thérèse. Le socle est de bois
satiné orné de bronze doré.

30. — Grand Régulateur avec bronzes dorés;
figures allégoriques de bronze vert
antique, surmonté d'une sphère bleue
et étoilée, du temps de Louis XVI;
mouvement de Manière.

31. — Grande Pendule-applique italienne de
lapis, jaspe fleuri et mosaïque de Florence; le cadran, orné d'une peinture
allégorique.

Salle N° 8.

32. — Secrétaire de laque et bronze doré; xviiie siècle.

33. — Deux Glaces de Venise, avec cadres de pierres de couleur.

34. — Grande Glace avec cadre de bois sculpté; xvie siècle.

35. — Meuble de bois sculpté; xvie siècle.

36. — Grande Statue de bronze : Prométhée. Travail italien, fin du xvie siècle.

37. — Buste de bronze : Louis XIV jeune. Travail français du xviie siècle.

38. — Grand Buste de bronze, représentant le grand Condé. Travail français du xviie siècle.

39. — Deux paires de Chenets de bronze. Travail italien du xvie siècle.

40. — Deux grands groupes de bronze : Enlèvement de Proserpine par Pluton et d'Orithye par Borée. Compositions importantes signées Girardon. Socle du xviie siècle, en marqueterie de Boule et bronze doré.

41. — Vitrine.

Émaux de Limoges.

— Deux grands Plats ronds; l'un en émaux de couleur avec paillons, par Jean Courtois: l'autre en grisaille, par Pierre Raymond.

— Deux Plats ovales; l'un, représentant un Prince à la chasse, est de Jean Limosin.

— Grand Vase en émaux de couleur avec paillons, par Jean Courtois.

— Quatre Coupes à couvercle en grisaille.

— Deux Buires, l'une en grisaille, l'autre avec paillons.

— Deux grands Flambeaux ornés de sujets tirés de l'histoire de Diane, par Jean Courtois.

— Trois Coffrets garnis de plaques représentant des jeux d'enfants, sur fond bleu et rouge.

— Horloge de table, de forme ovale, ornée de plaques en émaux de couleur avec paillons.

Faïences d'Oiron, dites de Henri II :

— Sept pièces de formes variées : Coupes, Flambeaux, Buires, Salières, Biberon, etc. Elles portent pour la plupart l'écu de France, les chiffres de Henri II et de Diane de Poitiers, les croissants, etc. Une d'elles porte sur le couvercle les armes de Montmorency.

Cristaux de roche :

— Grand Vase en forme d'aiguière, à panse ovoïde, avec anse formée par une Sirène ailée prise dans la masse. La panse offre des figures et des sujets de chasse gravés en intaille. Cette pièce peut être attribuée à Valerio Belli, dit Vicentino; XVIe siècle.

— Plusieurs Coupes et Vases garnis de montures d'or émaillé ; XVIe siècle.

— Deux Clefs de forme différente, entièrement d'or émaillé, portant des armoiries, des inscriptions latines et de riches ornements. Ces clefs passent pour avoir appartenu à Charles-Quint, pour qui elles auraient été exécutées; XVIe siècle.

(M. le baron Alphonse de Rothschild.)

Objets en dehors des vitrines.

42. — Petit cabinet d'ébène orné d'incrustations d'ivoire de la plus grande finesse.
Travail italien du xvie siècle.

43. — Sphère céleste de bronze doré, ciselé et
gravé, supportée par trois cariatides
prenant naissance sur des enroule-
ments qui reposent sur un pied trian-
gulaire; elle porte les initiales P. W.
(Pierre Woeiriot). Travail français du
xvie siècle.

44. — Deux horloges carrées du xvie siècle, en
cuivre doré. L'une d'elles a des cadrans
émaillés sur argent.

(M. le baron Alphonse de Rothschild).

45. — Table-vitrine.

— *Preces piæ*. Manuscrit flamand du xvie siècle, avec miniatures; école de Van Eyk.

— Manuscrit italien du commencement du
xvie siècle, avec miniatures. Collection
de G. De Bure.

— *Preces piæ*. Manuscrit français du xve siècle; miniatures. École de Jehan Fouquet.

— *Preces piæ.* Manuscrit français du commencement du xvᵉ siècle, de la même
main que les *Heures d'Anne de Bretagne.* Ancienne collection Renouard.

— Portulan de Charles-Quint. Miniatures de
Julio Claudio, élève de Raphaël.

— *Le Coran*, manuscrit persan du xvᵉ siècle.
(M. le baron Edmond de Rothschild.)

SALLE N° 9.

(Voyez le Catalogue de la Peinture.)

SALLE N° 10.

Vitrine 22.

Collection d'éventails des XVIIe, XVIIIe et XIXe siècles.

(Mmes comtesse E. de Pourtalès, princesse Czartoryski; vicomtesse O. Aguado; comtesse de Chambrun.)

Vitrine 23.

Éventails des XVIIe et XVIIIe siècles.

(Mmes Ad. Moreau, L. Delaville, Le-Roux.)

Commentaire de l'Apocalypse, manuscrit français du XIIIe siècle, avec miniatures.

(M. le vicomte Blin de Bourdon.)

Lettres autographes de Voltaire.

(M. Feuillet de Conches.)

Les Misères des Courtisans. Manuscrit du XVe siècle, par Eneas Silvio Piccolomini ; miniatures.

(Mme J. Bapst.)

SALLE N° 11.

1. — Tapisserie de haute lisse, enrichie d'or et
d'argent : le Christ en jardinier, ap-
paraissant à Marie-Magdeleine (*Évangile
selon saint Jean*, ch. xx, 17) ; bordure
de style italien ; commencement du
xviᵉ siècle.

(M. le baron Davillier.)

2. — Petit tapis brodé en or sur velours
rouge : monogramme de Jésus-Christ.
xvie siècle.

(M. Maillet du Boullay.)

3. — Tapisserie de la fin du xive siècle, représentant onze personnages en costume
du temps.

(M. J. Fau.)

4. — Petite tapisserie enrichie d'or : la Vierge,
Sainte Anne et l'Enfant Jésus sur un
trône ; deux enfants chantent à leurs
côtés. Bordure ornée de fleurs et de
grappes de raisin. Commencement du
xvie siècle.

(M. Ch. Stein.)

5. — Longue bande, représentant divers per- **Salle**
sonnages en costume de cour du temps **N° 11**.
de Henri III.

(M. le baron Davillier.)

6. — Petit carré de broderie en or sur fond de
satin rouge : la Vierge entre deux
anges.

(M. Maillet du Boullay.)

7. — Deux longues bandes de broderie : arabesques et armoiries, or sur velours
cramoisi.

(M. Récappé.)

8. — Tapisserie gothique offrant la forme d'un
triptyque dont les compartiments sont
divisés par des colonnes. Au centre, la
Vierge couronnée par le Christ; à ses
côtés, deux anges musiciens; à ses
pieds, une fontaine et des fleurs. A
gauche, Moïse faisant jaillir l'eau du
rocher d'Horeb; à droite, un ange gui-
dant les malades vers la Piscine Probatique. Les inscriptions suivantes indi-
quent les sujets : *Fons.* ORTORUM : PUTEVS.
AQUARUM. VIVENTIUM. QUE. FLVUNT :
IMPETU. DE LIBANO. CANTICORUM. IIII. —
ACTUM. ANNO 1485. (O fontaine des jar-
dins! O puits d'eaux vives qui des-
cendent impétueusement du Liban.
Cantiques, ch. IV.) — Au-dessous, on

lit deux vers léonins du moyen âge : DE PETRA MUNDA FLUXIT SITIENTIBUS UNDA. EXODI XVII°. (Une eau pure jaillit du rocher pour ceux qui étaient altérés. *Exode,* ch. XVII).— CURAT LANGUENTES PISCINA PROBATICA MENTES. Io. v°. (La Piscine Probatique guérit les âmes malades. — *Évangile selon saint Jean,* ch. v). Dans la partie supérieure, quatre Prophètes, accompagnés d'inscriptions latines tirées de leurs livres.

(M. le baron Davillier.)

9. — Tapis de velours cramoisi ; broderies d'or et de couleurs ; XVᵉ siècle.

(M. Escosura.)

10. — Grand tapis orné d'arabesques brodées en soie et or sur velours. Travail espagnol ; XVIᵉ siècle.

(M. G. Roussel.)

11. — Deux bandes brodées en soie et or sur velours ; fin du XVIᵉ siècle.

(M. Récappé.)

12. — Grand tapis de brocatelle ; XVIᵉ siècle.

(M. Maillet du Boullay.)

13. — Tapis brodé en soie et or sur satin bleu. Travail portugais ; fin du XVIᵉ siècle.

(M. Escosura.)

14. — Coffre de cèdre, gravé ; XVᵉ siècle.

(M. Bonnaffé.)

SALLE N° 12.

(Voyez le Catalogue de la Peinture.)

SALLE N° 12.

(ANNEXE)

Collection d'objets de la Chine :
Jades, émaux cloisonnés, bronzes, porcelaines,
meubles, etc.

(Général Martin des Pallières.)

Meuble de bois sculpté, époque de Louis XIII.

(M. Bloche.)

SALLE Nº 13.

1. — Émail de Léonard Limosin. Signé L. L. —
Daté 1562. Portrait du connétable Anne
de Montmorency.
(M. le marquis de Biencourt.)

2. — Buste de Guicciardini ; terre cuite du commencement du xvıe siècle.
(M. Charles Haas.)

3-4. — Deux bas-reliefs de pierre. Cavaliers
combattants. xvıe siècle.
(M. Bonnaffé.)

5. — Quatre émaux en grisaille, figures allégoriques de femmes, xvıe siècle.

6. — Bas-relief de bois sculpté, travail italien de
la fin du xve siècle.
(M. Gatteaux, membre de l'Institut.)

7. — Buste de Brunelleschi, bronze du xvıe siècle.
(M. Gérome, membre de l'Institut.)

8. — Buste de bronze du duc d'Albe. — On lit en
bas du socle : *Jungelingus Optimo Duci.*
1571.
(M. le vicômte Reille.)

9. — Caïn et Abel, bas-relief de cire.

(M. Edmond Leclerc.)

10. — Bas-relief de marbre blanc. La Mort de la Vierge, avec un fronton semi-circulaire représentant le Couronnement de la Vierge. Travail français; commencement du xvie siècle.

(M. Auguste Gaulier, du Mans.)

11. — Trois grandes tapisseries de Flandre. Sujets religieux; celle du milieu porte la date de 1518.

(M. Émile Peyre.)

12. — Crédence à dossier, de chêne sculpté. Ouvrage français du xvie siècle.

(M. Roussel.)

13. — Grand meuble à deux corps de noyer sculpté, orné de cariatides. Ouvrage français du milieu du xvie siècle.

(M. Spitzer.)

14. — Petit meuble d'applique à colonnes, noyer sculpté; le panneau central est décoré de trophées d'armes.

15. — Autre petit meuble également de noyer sculpté, avec incrustations de pâte. Travail français du milieu du xvie siècle.

Salle
N° 13.

16. — Prie-Dieu de bois de noyer; commencement du xviie siècle.

(M. Récappé.)

17. — Tête de pierre du xiiie siècle, Saint-Marc :
fragment provenant de la Sainte-Cha-
pelle de Paris.

18. — Panneau de noyer sculpté : milieu du
xvie siècle; école lyonnaise.

(M. Bonnaffé.)

19. — Grand coffre de noyer sculpté : xvie siècle.

(M. Maillet du Boulay.)

20-21. — Deux bustes de bronze, fin du xve siècle.

22. — Groupe de bronze : Persée, d'après Benvenuto Cellini.

23. — Statuette d'enfant à cheval sur un escar-
got, fin du xve siècle.

(M. Basilewski.)

24. — Cabinet d'ébène incrusté de lapis, d'ivoire
et de nacre gravés. Travail italien du
xviie siècle.

25. — Vierge de buis sculpté, foulant aux pieds
le démon; ouvrage allemand du commencement du xvie siècle.

(M. le comte Stanislas de Blacas.)

26. — Buste d'homme, portant le nom d'Anto-
nius Gallus, bronze; ouvrage italien du
xvie siècle.

(M. le baron Seillière.)

27. — Une paire de grands chenets de bronze; **Salle**
    ouvrage italien du XVIe siècle. **N° 13.**

(M. Evans.)

28. — Buste, faïence blanche, par Luca della
    Robbia.

29-30. — Deux stalles de noyer sculpté, XVIe siècle.

(M. Charles Ephrussi.)

31. — Buste de Béatrice d'Aragon, marbre blanc.

32. — Buste d'une dame italienne, marbre blanc.

33. — Buste, marbre blanc de Diotisalvi Neroni,
    par Mino da Fiesole. Tous les trois de
    la fin du XVe siècle.

34. — Buste de terre cuite colorée : Saint Jean,
    même époque.

35. — Bas-relief de bronze : la Mise au tombeau,
    par Andrea Riccio, XVIe siècle.

(M. Gustave Dreyfus.)

36. — Crédence d'ébène, époque de Louis XIII.

37. — Trois chaises de noyer sculpté; travail
    français du XVIIe siècle.

38. — Buste de Vierge en marbre blanc, par
    Jacques Sarazin, XVIIe siècle.

39. — Petite armoire de noyer sculpté, avec incrustations de marbre et de bois de couleur. Règne de François Ier.

40. — Petite armoire de noyer sculpté; école de Fontainebleau. Règne de Henri II.

41. — Groupe de chêne sculpté : l'Ensevelissement du Christ, fin du XVe siècle.

42. — Plat de faïence italienne. Le Christ et Saint Thomas, fabrique de Deruta.

43. — Plat de faïence italienne. Saint Georges, fabrique de Caffagiolo.

44. — Plat de faïence italienne, fabrique de Castel-Durante.

45. — Plat brun de faïence italienne, fabrique de Monte-Lupo.

46. — Miroir, cadre de bois sculpté. Travail italien du XVIIe siècle.

47. — L'Enfant prodigue; tapisserie de Flandre; XVIe siècle.

(M. Adolphe Moreau.)

48. — Cabinet d'ébène incrusté d'ivoire. Travail italien du XVIe siècle.

(M. Foulc.)

49. — Tête; fragment de statue de marbre.

(M. le vicomte de Ganay.)

50. — Autre; *idem*.

(M. J. Fau.)

51. — Bas-relief en pierre lithographique avec **Salle**
l'inscription : *Virtulum et viciorum* **N° 13**.
adumbratio. Daté 1522. Monogramme
de Haus Dollinger.

[M. le comte Stanislas de Blacas.)

52. — Quatre grands panneaux de vitraux à sujets religieux et avec armoiries ; travail
allemand du XVIᵉ siècle.

(M. le baron de Trétaigne.)

53. — Henri IV, statue équestre de bronze.

(M. Dumesnil.)

SALLE N° 14.

TAPISSERIES.

Compositions mythologiques exécutées aux Gobelins en 1755 sur les cartons de Boucher, par ordre
de Louis XV, pour être envoyées en présent à
l'impératrice Marie-Thérèse.

(M. R. V***.)

MEUBLES, BRONZES D'AMEUBLEMENT.

1. — Grande armoire de Boulle, en marqueterie
d'écaille et cuivre, enrichie d'incrustations de nacre et corne peinte; elle est
richement ornée de bronzes dorés.

2. — Bureau et son cartonnier surmonté d'une
horloge en marqueterie de Boulle, écaille
et cuivre; ornés de bronzes dorés.

Garniture d'accessoires de la même époque.
Ces deux meubles ont appartenu à Jean-Baptiste
de Machault, garde des sceaux de France en 1750.
(M. le marquis de Vogüé.)

3. — Secrétaire en marqueterie de bois, garni de bronzes dorés au mat, époque de Louis XVI.

Salle N° 14.

(M. le docteur Voillemier.)

4. — Deux meubles de Boulle en marqueterie d'écaille et de cuivre, garnis de bronzes dorés et de médailles, des époques de Louis XIV et de Louis XV.

(M. le prince de Beauvau.)

5. — Pendule du temps de Louis XIV en marqueterie de cuivre sur écaille rouge, ornée de bronzes dorés. Socle de bois sculpté et doré.

(M. le comte de Besenval.)

6. — Vases de granit vert des Vosges ornés de têtes de bélier et de guirlandes de bronze doré, époque de Louis XVI.

(Mme la duchesse de Doudeauville.)

7. — Petit guéridon de forme ronde en marqueterie de bois.

Il est décoré de bronzes dorés à l'or moulu et revêtu d'une plaque d'ancienne porcelaine de Sèvres, pâte tendre.

Ce petit meuble a été la propriété de Marie-Antoinette.

(M. le comte des Cars.)

8. — Coffre de mariage et sa table, support de bois de rose garni de plaques d'ancienne porcelaine de Sèvres, pâte tendre, et décoré de bronzes dorés.

(Mme de Lagarde.)

9. — Petite table en marqueterie de bois, ornée de bronzes dorés, époque de la Régence.

10. — Candélabres formés d'enfants debout tenant des branches de lis de bronze doré. Socles de porphyre rouge oriental.

(M. le comte d'Armaillé.)

11. — Petite table-bureau de l'époque de Boulle.

12. — Grande pendule de l'époque de Boulle en écaille incrustée de cuivre ornée de bronzes dorés.

(M. le comte d'Armaillé.)

13. — Écran en tapisserie de Beauvais, monture de bois doré ; époque de la Régence.

14. — Cartel de bronze doré, époque de la Régence.

15. — Vases d'ancienne porcelaine du Japon, monture de bronze doré de l'époque de Louis XVI, gaînes de l'époque de Louis XIV.

(M. le marquis de Vogüé.)

16. — Baromètre-applique de bois sculpté doré et argenté, XVIII⁰ siècle.

Provient de l'hôtel de Vogüé, à Dijon.

17. — Meuble-console de Boulle en ébène orné de bronzes dorés.

18. — Pendule composée par Boulle.

Salle
N° 14.

Les figures sont la reproduction de celles qui ont été exécutées par Michel-Ange, pour le tombeau des Médicis, à Florence.

(M. le comte de Vogüé.)

19. — Meuble à deux portes, en marqueterie de bois, orné de bronzes dorés.

Époque de la Régence.

20. — Grand régulateur en marqueterie de bois de rose.

Il est décoré de bronzes dorés et surmonté d'un écusson aux armes de la maison de Bouillon.

(M. Beurdeley.)

21. — Trois consoles de bois sculpté et doré, de l'époque de Louis XVI.

22. — Chenets de bronze doré, de l'époque de Louis XVI.

(Mme la comtesse Vigier.)

23. — Petite table-bureau en marqueterie de bois, garnie de bronzes dorés au mat.

Elle provient du château de Trianon, et appartenait à la reine Marie-Antoinette.

(M. le prince de Beauvau.)

24. — Les trois Grâces, groupe exécuté dans un seul bloc de marbre par Falconnet et formant motif de pendule.

Salle N° 14.

25. — Pendule commandée par Mme de Pompadour pour Louis XV. — Le roi est représenté en costume d'empereur romain. Sur le socle de la pendule sont des bas-reliefs rappelant les victoires de Fontenoy, du passage de l'Escaut et de Berg-op-Zoom.

26. — Pendule formée d'une tête de négresse. (En tirant un des pendants d'oreille, on fait apparaître l'heure dans les yeux; l'autre pendant d'oreille met en jeu une boîte à musique qui reproduit différents airs de Lulli.)

27. — Fauteuil de bois doré et canné qui servait à la reine Marie-Antoinette à Trianon. Il porte la marque du garde-meuble de la reine.

28. — Console de bois doré provenant également du garde-meuble de la reine et faite à l'occasion de la naissance du Dauphin. Au bas de la console est un petit enfant qui pose sur sa tête une couronne.

29. — Table de travail de Mesdames de France, filles de Louis XV.

30. — Commode signée Riesner.

31. — Commode ornée de bronzes de Gouthière.

32. — Portrait de la reine Marie-Antoinette, fait par Louis XVI, assisté du serrurier Gamain.

33. — Petite table provenant du mobilier de

(M. Léopold Double.)

34. — Quatre appliques, de l'époque de Louis XVI, à trois lumières; bronze doré au mat. Elles sont ornées à leur partie inférieure de têtes de cerf.

(M. le marquis de Vogüé.)

35. — Pendule à cadran tournant, en forme de vase. Elle est ornée de strass ainsi que le fût de colonne qui la supporte.

(M. Strauss.)

36. — Trois vases d'ancienne porcelaine de Chine céladon. Monture de bronze doré, époque de Louis XV.

(M. Sapia.)

37. — Grande Pendule de Boulle formée d'un groupe de bronze : *Vénus blessée par l'Amour.*

(Mme la princesse de Sagan.)

38. — Encrier en bronze doré, ayant appartenu à Mme du Barry.

(M. le marquis de Galard.)

STATUETTES ET GROUPES.

 J.-J. CAFFIERI.

39. — L'Espérance nourrit l'Amour.

> Groupe de marbre, 1769.
> (M. Michel Ephrussi.)

E. FALCONNET.

40. — Jeune Fille recevant les premiers présents
de l'Amour. Groupe de marbre com-
mandé par le roi Louis XV pour la
duchesse de Châteauroux.

> (M. Adolphe Maillard.)

PIGALLE.

41. — L'Enfant à la cage.

> Marbre, 1740.

42. — Buste de jeune fille.

43. — Buste de jeune fille.

> Bronze.
> (M. Costantini.)

BOLOGNE (Attribué à Jean).

44. — Marie de Médicis en Junon.

45. — Henri IV en Jupiter.

> Statuettes de bronze, fin du XVIᵉ siècle.
> (M. Costantini.)

INCONNU.

46. — Statue équestre de Louis XIV en costume
romain.

Fonte de fer ciselée et dorée,
xviie siècle.

(M. Lefrançois.)

47. — Louis XIV en costume romain.

48. — Louis XV.

Statuettes de bronze du xviiie siècle.)
(M. Dumesnil.)

49. — Louis XIV. Statuette équestre de bronze
sur socle de bois noir, écaille et bronze
doré; xviie siècle.

(M. le prince Marc de Beauvau.)

50. — Mercure, d'après Jean de Bologne.

51. — Bacchante.

Bronzes italiens sur socle, du temps
de Louis XV.

(M. le marquis de Vogüé.)

HOUDON.

52. — La Frileuse.

Buste de bronze, xviiie siècle.
(M. Costantini.)

PUGET (D'après le).

53. — Milon de Crotone. Bronze du temps de
Louis XIV. Socle d'ébène incrusté de
cuivre de la même époque.

(M. le comte Henri Greffulhe.)

SALLE N° 15.

1. — Collection de faïences, de Delft : vases
et potiches à décors polychromes sur
fond noir, fond blanc et fond brun.

Plaques à sujets, paysages, marines,
d'après divers maîtres des Écoles hol-
landaise et flamande.

Cage.

Plats, assiettes.

Objets de vitrine et d'étagère :
oiseaux, traîneaux, tasses, coupes, etc.

(M. le Dr Mandl.)

2. — Collection de faïences françaises :

Fabrique de Rouen : assiettes ; l'une
d'elles aux armes de Saint-Evremond
avec son pendant en fer damasquiné
d'or ; plateaux, salières, encriers, aiguières, vases, gourdes, sucriers.

Pièces diverses des fabriques de Mar-
seille, de Sceaux, de Moustiers.

Vases de faïences italienne de Sa-
vone.

Faïences de Bernard Palissy : salières
et plats.

3. — Tapisserie du xvᵉ siècle, tissée de soie, **Salle**
    d'or et d'argent; le Baptême du Christ **Nᵒ 15**.
    d'après Albert Durer.

(M. Charles Maillot du Boulay.)

4. — Fontaine de faïence de Nevers, à décors
    polychromes.

(M. le vicomte de Ganay.)

5. — Fragment de l'Étendard de Charles le
    Téméraire, pris à la bataille de Morat;
    figure de Saint-Jacques entourée des
    briquets de Bourgogne; on y lit les
    premiers mots de la devise : « Je l'ay
    emprins, bien en aviegne. »

(M. le marquis de Ganay.)

6. — Portes à double parement; noyer sculpté,
    travail français du xviᵉ siècle.

7. — Cadre de glace en ébène sculpté.

8. — Buste de Charles Emmanuel, prince de
    Piémont, à l'âge de dix ans. 1570. Bronze
    italien.

9. — *Vitrine :* Couteaux et ustensiles de chasse
    du xviᵉ siècle.
    Boîte à sceau de Charles le Téméraire.
    Couteau de Philippe le Bon.
    Fermoirs d'escarcelle.
    Clefs de fer des xviᵉ et xviiᵉ siècles.

(M. Edmond Fould.)

Salle 10. — Tapisseries de Flandre; scènes de chasse
N° 15.   au faucon.

Ces tapisseries passent pour avoir été
prises dans la tente de Charles le Témé-
raire, au siége de Nancy.

(M. le prince Marc de Beauvau.)

11. — Bande de tapisserie flamande du xvi⁰ siècle.
Histoire du Chien de Montargis,
inscription allemande; datée de 1554.

(M. Joseph Fau.)

12. — Deux panneaux; vitraux suisses et alle-
mands du xvi⁰ siècle.

(M. le comte Edmond de Pourtalès.)

13. — Serrures, marteaux de portes. Fabrica-
tion de Strasbourg aux xviiᵉ et xviiiᵉ siècles.

(M. Lichtenfelder.)

14. — Bouclier ovale; fer gravé, repoussé et
ciselé, portant des traces de dorure;
ayant appartenu à Jacques d'Albon, seigneur de Saint-André, maréchal de
France, xviᵉ siècle, et portant ses armes.

(M. le marquis d'Albon.)

15. — Trophée d'armes orientales.

(Mᵐᵉ la duchesse de Luynes.)

16. — Trophée d'armes occidentales : une épée **Salle**
à garde damasquinée d'argent; une **Nᵒ 15.**
épée espagnole à coquille ciselée et
repercée; un sabre à poignée ornée de
têtes de chevaux; un bouclier ovale de
fer repoussé; deux dagues dites *miséri-*
cordes.

(M. le prince Czartoryski.)

Arquebuse de rempart, avec son support à hampe incrusté d'ivoire.

(M. le comte de Besenval.)

Les autres armes du même trophée.

(Mᵐᵉ la duchesse de Luynes.)

17. — Deux boucliers indiens, garnis de tur-
quoises.
Deux boucliers de fer repoussé et
damasquiné d'or.

(M. le prince Czartoryski.)

18. — Deux casques de fer repoussé et ciselé.

(Mᵐᵉ la duchesse de Luynes.)

19. — *Vitrine :* Armes indiennes.
Une arme à poignée de bronze
damasquiné, exécutée sous la direction
de M. le duc de Luynes.

(Mᵐᵉ la duchesse de Luynes.)

20. — Armures polonaises.

(M. le prince Czartoryski.)

21. — Buste de Napoléon Iᵉʳ, par Bosio.

(M. Hénard.)

SALLE N° 16.

1. — Tapisserie d'Arras : Le sacrifice de Lystre, d'après le carton de Raphaël placé au South Kensington Museum de Londres.

(M. Adolphe Leofanti.)

2. — Tapisseries de Bruxelles du xvi° siècle. Suite de quatre panneaux ; histoire de Psyché.

(M. Guenot Laurent.)

3. — Buste. Homme de la famille Giustiniani.

4. — Buste. Femme de la famille Giustiniani. Bronzes florentins du xv° siècle.

(M. Spitzer.)

SUPPLÉMENT

SALLE N° 2.

Vitrine 13.

Diane de Poitiers dans une chaise à porteur. Bois
sculpté et incrusté.
Caricature du temps.
Kalemdan persan. Damasquinage d'or.
Kalian persan. Émail de couleur sur or.

(M. le comte de Sartiges.)

SALLE N° 11.

15. — Tableaux brodés : Madeleine se dépouil-
lant de ses vêtements pour se vouer
au Seigneur.
Portrait de Montaigne.

(M. Le Cacheux.)

16. — Meuble d'ébène avec peintures du
XVIIe siècle.

(M. Moisson).

PARIS. — J. CLAYE, IMPRIMEUR, 7, RUE SAINT-BENOIT. — 1881

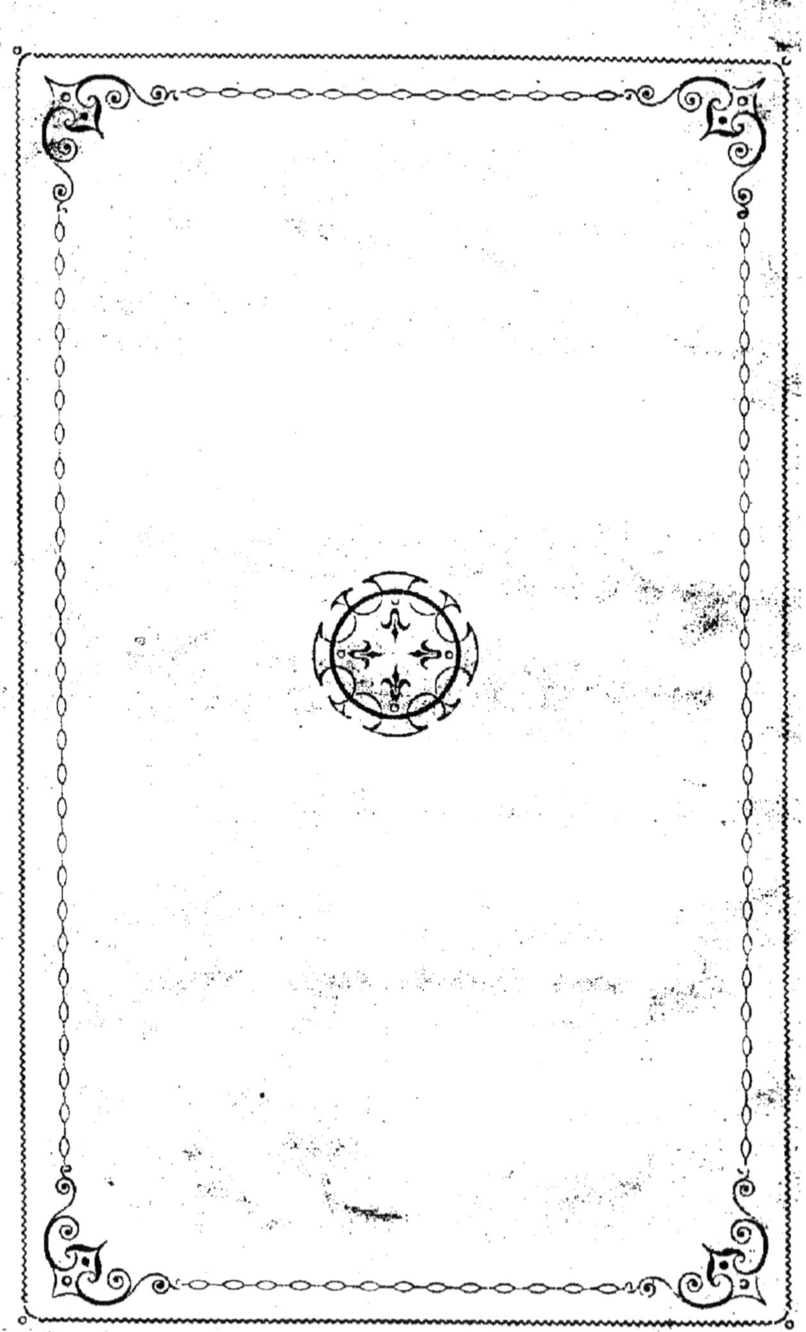